與合得來的朋友相處是一件超棒的事！
但交朋友有時候也讓人覺得很困難。
你也有過這種經驗嗎？

讓我們跟著「暖心小學」的同學們，
一起學習如何建立良好的友誼吧！

還有以下兩位小幫手喔！

友誼刺蝟
因為尖銳的刺，
一開始讓人難以親近，
但熟悉後就變得很溫柔。
道歉時，會將插在背上的
小番茄送給朋友。

溝通鸚鵡
擅長傾聽與附和，
也很會唱歌！
會教我們
如何和朋友
進行愉快的互動。

圖解 小學生的交友煩惱 解答書

**漫畫數位世代的友情難題，
尊重界線✕勇於拒絕，成為令人喜愛的朋友**

배려하면서도 할 말은 하는 친구가 되고 싶어
동의하고, 거절하고, 존중하는 친구 관계 말하기

金淨(김정)——著　元霓真(원예진)——繪　謝淑芬——譯

| 作者序 |

> 兼顧自己和朋友的人際關係溝通法
> # 表達自己的想法，尊重朋友的意願！

「朋友好像看不起我。」
「同學總是很霸道，照自己的想法做。」
「媽媽叫我不要被同學牽著鼻子走，但我很喜歡跟他玩。」
「因為很要好才開玩笑，沒想到朋友會那麼難過。」

校園裡常有同學傾訴這些煩惱，我小時候也有過同樣的困擾。這本書的重點是「在朋友關係中找到平衡」，就像騎腳踏車要保持平衡一樣，友誼關係裡的平衡也很重要。

一旦天秤失去平衡倒向朋友那邊，我們就會一直配合朋友，與這樣的朋友相處，心裡會覺得不太舒服和委屈。相反地，當天秤倒向自己這邊，總是按自己的想法和朋友相處，彼此就無法真心喜歡對方，互動往來也會不舒服；甚至，當朋友內心的不滿累積後，還很可能會突然不理我們。

平等的朋友關係，是可以勇敢表達自己的意見，也能尊重朋友的想法，成為既體貼又敢說實話的好朋友。一起學習以下三種方法，成為超棒的朋友吧！

1. 畫出界線：人和人之間有一條看不見的安全線，安全線以內是屬於各自的空間，不該隨意跨越。
2. 徵求同意：想邀請朋友一起做某件事情時，應該先詢問對方是否願意，而不是一意孤行。
3. 學會說「不」：當被人隨意對待，或是權利受到侵犯時，記得說「不」來捍衛珍貴的自己。

　　本書會透過「暖心國小」同學們的故事，幫助大家輕鬆學習以上方法，同時分享與大人相處時應該注意的重點。記住，無論是和朋友還是大人相處，都要互相尊重彼此喔！
　　懂得在友誼中進行聰明的溝通和互動，對長大後與其他人建立關係會很有幫助。希望這本書可以成為一本合適的說明書，教會大家如何保護、尊重自己和他人。

金淨

目 錄

作者序 2

第 1 章

懂得維護**界線**

我感到很自在的時候 ── 了解界線是什麼 10

希望你可以先問過我 ── 表達自己的界線 12

我們改用握手的方式吧！── 認識身體的界線 14

我喜歡自己的樣子 ── 認識心理的界線 16

等我們更熟之後再說吧！── 制定合適的界線 18

我想當你的摯友，你呢？── 改變關係的距離 20

我可以上傳這張照片嗎？── 認識網路的界線 22

改天再傳訊息 ── 保持健康的距離 24

我不想談這件事 ── 維護自己的隱私 26

這些事情才是對我好的 ── 當自己真正的主人 28

實際演練　如何在友誼中遵守界線呢？ 30

第 2 章
學會徵求**同意**

我可以這麼做嗎？ ── 了解徵求同意是什麼 34
不想的話就直接告訴我 ── 關於答應和拒絕 36
我需要時間想一想 ── 充分考慮後再答應 38
不好意思，我要先走了 ── 答應之後改變心意 40
可以聽聽我的意見嗎？ ── 分辨徵求同意和命令 42
其實我並不想這麼做 ── 在不受影響下答應對方 44
先聽聽大家的意見 ── 在團體中取得共識 46
請尊重我的意願 ── 分辨徵求同意和逼迫 48
不要！不可以！ ── 如何應對陌生大人的強迫 50
你覺得怎麼樣呢？ ── 多問開放式問題 52

| 實際演練 | 徵求同意的健康三原則 54

第3章

練習明智地**拒絕**

下次再一起玩吧！—— 委婉地拒絕 58

我不清楚耶！—— 不著痕跡地拒絕 60

討厭！不要這樣！—— 果斷地拒絕 62

我才不要做 —— 一定要拒絕的事 64

希望你可以支持我 —— 不傷害自尊的拒絕法 66

因為我不想 —— 尊重拒絕的想法 68

我還不想和你交往 —— 交往情境下的拒絕 70

這是必須做的事，麻煩你了 —— 避免錯誤的拒絕 72

這樣啊，我知道了 —— 接受別人的拒絕 74

不要取笑我！—— 拒絕取笑和欺負別人 76

實際演練　為什麼拒絕別人這麼難呢？ 78

第4章
善待彼此的**尊重**

珍惜自己原本的樣子 ── 了解什麼是自我尊重 82

原來你是這樣 ── 接受別人跟自己不同 84

這也很正常啊！ ── 用正面話語取代批評 86

還好嗎？你一定很難過吧！ ── 帶有同理心的溝通 88

你努力的模樣好帥 ── 稱讚別人和接受讚美 90

多虧有你，我玩得很開心 ── 表達感謝 92

對不起，我以後會小心 ── 承認錯誤並道歉 94

我想要這樣做 ── 勇敢選擇並承擔責任 96

> **實際演練** 如何帶著尊重與人溝通呢？ 98

> **附錄**
>
> **讀後練習** 102
>
> **給父母和師長的話：關於尊重界線** 104

> 第 1 章

懂得維護界線

當不認識的小朋友突然抱住你,你會有什麼感覺呢?
應該會嚇一跳,而且很不舒服吧?這是為什麼呢?
因為人和人之間有一條看不見的界線,一旦跨越就會令人不舒服。
一起來認識這條必須遵守的界線,成為令人安心的好朋友吧!

了解界線是什麼

我感到很自在的時候

　　換作是你，會坐在幾號的位子？當座位很多時，坐在旁邊都沒人的位子應該比較自在吧？為什麼呢？這是因為我們能感覺到與他人的界線。也就是說，我們會在心裡和別人之間畫出一條線，線的這邊是我，另一邊是對方，這條線就叫做「界線」，雖然看不見，但每個人都感受得到。在人與人之間畫下這條線，待在各自的空間時，最令人感到放鬆，所以它也稱為「安全線」。

什麼是界線？
是一條安全線，用來劃分並守護你的「重要領域」，裡面包含你的身體、心理、想法和物品等。

因此，搭捷運時，比起坐在陌生人隔壁，我們會選擇坐得離別人遠一點。

試著想像馬路上的車道吧！原本所有汽車都在各自的車道上安全行駛，如果這時候有輛車擅自跨越車道，結果會怎麼樣呢？一定會出車禍吧！人與人之間的界線也是類似的道理，彼此遵守界線時，就會令人感到自在；相反地，一旦越過界線，就會讓人覺得不舒服。所以，和朋友相處時，學會遵守界線很重要。

那麼「我的界線」裡有哪些東西呢？有你的身體、心理、想法、物品、房間等，所有屬於你的東西。身為它們的主人，使用這些東西時，就要優先考慮你自己的想法。當朋友邀你牽手，因為你是手的主人，所以可以隨自己的心意決定是否答應。仔細想一想：「我在什麼情況下，感覺最放鬆呢？」認識人際關係的界線、遵守彼此都覺得自在與安全的那條線，就是建立良好友誼的開始。

> 表達自己的界線

希望你可以先問過我

　　被隔壁同學弄亂鉛筆盒時，你會有什麼感覺呢？想必心情一定很不好，也許還會生氣。這是因為有人隨意拿取屬於你的東西，你才會有這種感覺。

　　如果隔壁同學想拿你的鉛筆盒，應該要先問過你才對。因為這個東西在你的界線裡，就應該遵從你的意見。所以，當同學問可不可以碰觸你的東西，在你覺得可以時再答應；不想讓人碰觸

的話，拒絕對方也沒關係。反過來，當你想摸朋友的東西，也要詢問並聽從對方的意願。

那麼，當朋友沒有先問就動手拿取時，該怎麼辦呢？這時候就要告訴他：「希望你可以先問過我」、「你要先等我答應」。也許有人擔心這樣說會讓朋友失望，但這麼做並不是故意對朋友不好，而是在告訴對方自己的界線。必須明確告訴對方自己不喜歡的事，朋友下一次才會注意，也才能一直自在地相處下去。

多多練習怎麼告訴別人自己的界線吧！假使不喜歡被同學隨意拿走東西，就可以說：「你能不能先問我？」如果有人沒經過同意就看你的手機，則可以說：「我不喜歡別人看我的手機。」像這樣說出自己的界線，就可以減少和朋友相處時不小心越界的情形。

如果不喜歡朋友的行為，該怎麼辦？
告訴對方，你希望他遵守的界線，這樣他以後才能留意。

第 1 章・懂得維護界線　13

> 認識身體的界線

我們改用握手的方式吧！

　　當對方沒經過同意就碰觸你的身體，就算是很熟的人，還是會讓你感到不舒服，這是為什麼呢？因為身體也在你的界線裡，是屬於自己的重要東西。

　　每個人包括小朋友，都有保護自己身體的權利，這叫做「身體自主權」。即使是朋友關係也要互相留意，一定要先問過才能碰觸對方。記住，就算是大人也不可以沒經過同意就碰觸我們，

不管對方是隔壁的叔叔、媽媽的朋友、老師、奶奶、親叔叔、認識的哥哥、朋友的姊姊都一樣。就算是爸爸、媽媽，也要經過你的同意才能碰觸你的重要部位。此外，當爸爸、媽媽說：「讓叔叔、阿姨親一下」時，只要不喜歡，你就可以拒絕。

穿泳裝時會遮住的胸部、性器官、屁股，是身體特別敏感的部位。任何人想碰觸或要求我們露出這些部位時，一定要明確說「不」。因為身體對我們很重要，我們才是自己身體的主人。

親朋好友有時會出於喜歡而碰觸、親吻或擁抱你，但可以到達什麼程度，取決於你的意願。當他們想親吻你，但你不想時，就直接說「我不想這樣」；覺得沒關係也可以說「好呀」允許對方。如果不想讓對方親吻，但你還是想表達善意時也可以說：「我們改用握手的方式吧！」用簡單的接觸取代身體碰觸。

由你決定的「身體界線」
試著選擇彼此都舒適的方式來打招呼或表達心意吧！
翻到第102頁，可以更仔細地畫出自己的身體界線。

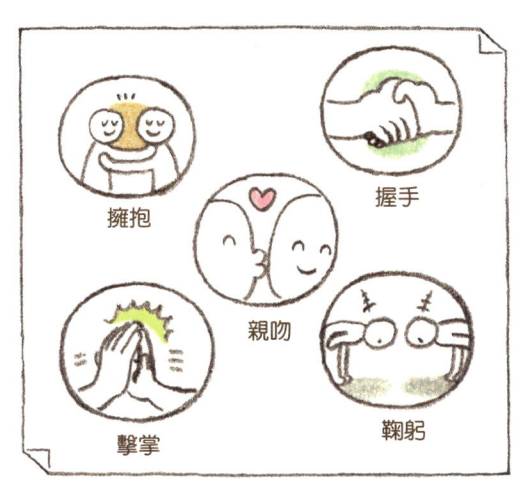

第 1 章・懂得維護界線　15

> 認識心理的界線

我喜歡自己的樣子

　　當朋友批評我們的外貌或穿著時，我們一定會很在意，並且想著：「我真的很難看嗎？」你也有過這種經驗嗎？

　　可以先想一想，你的「外貌和穿著」屬於誰呢？答案就是：「你」！它們都在你的界線裡，只需要聽從你的想法就行了。有時候我們會因為太在意朋友的話，而忘記這個理所當然的道理，這時就要試著鞏固心理的界線。

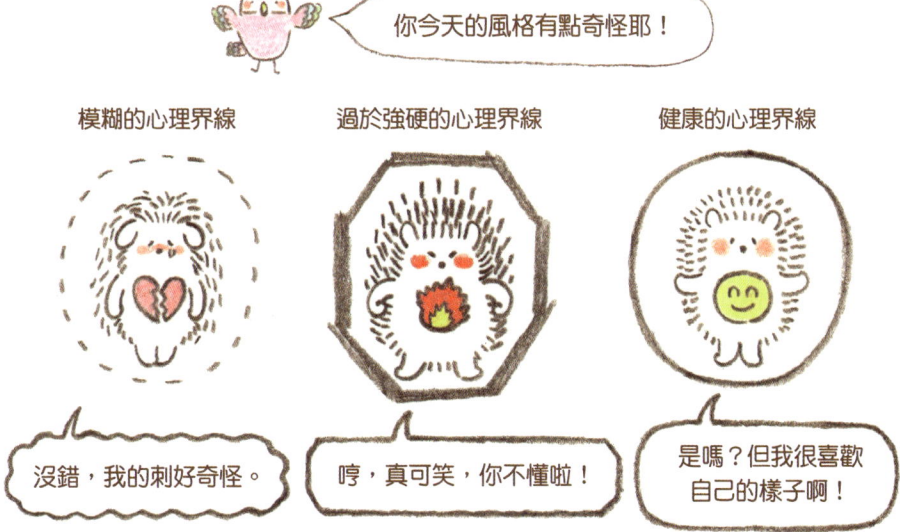

你的「心理界線」是哪一種呢？
聽取朋友的意見時，記得以健康的心理界線保護自己的內心喔！

　　當心理界線不明顯時，就會看不見自己的內心，只在意別人的說法。但如果界線太強硬，又會聽不進跟自己不同的想法，甚至會忽視他人。擁有健康心理界線的人，不但重視自己的心意，也會傾聽別人的意見，並且知道該怎麼分辨對方的意見是不是真的對自己好。你的心理界線是哪一種呢？

　　當朋友說「那件衣服不適合你，好醜」的時候，我們要先分辨這句話是有用的意見還是純粹的批評。如果對你沒幫助，就可以回答「是嗎？但我很喜歡自己的樣子啊！」來保護自己。

> 制定合適的界線

等我們更熟之後再說吧！

　　和某些朋友一起玩真的很開心，但和某些朋友玩卻覺得有壓力，你也有過這種經驗嗎？為什麼會這樣呢？這是因為每個人帶給你的舒適程度不同。

　　試著回想自己的每位朋友，你會發現每個人都不同：有只會互相問好的朋友、會牽手的朋友、會來家裡玩的朋友，還有可以來家裡過夜的朋友。像這樣根據熟悉和信任的程度，可以將朋友區分成

「比較親近」和「比較疏遠」這兩類，和不同的朋友相處時，你的行為也會不一樣。

請看右邊的界線距離表，你會將爸爸、媽媽、弟弟、妹妹、奶奶、叔叔、阿姨、老師、隔壁同學、補習班同學、鄰居家長、便利商店店員、陌生人分別放在哪一格呢？按照自己的喜好選選看吧！分類結果就是你希望和這些人保持的界線。

萬一不方便帶回家的朋友想來家裡玩，那該怎麼辦呢？如果你不願意，可以不必假裝歡迎，只要真心地對他說：「我很喜歡和你當朋友，但希望等我們更熟一點再帶你來我家。」這樣既不會傷害朋友，也能保持對自己舒適的距離。

界線距離表
試著將生活中的人，依據「我願意接受這種互動」的標準進行分類吧！和這些人保持特定的距離時，你會感到舒適且最有安全感。

改變關係的距離

我想當你的摯友，你呢？

　　你是否也有過和不熟的朋友慢慢變成好友，或是和要好的朋友漸行漸遠的經驗？為什麼會這樣呢？

　　這是因為我們和別人之間的距離隨時都可能改變，不會總是一樣。即使是很要好的朋友，也可能在升上年級後因為沒辦法經常見面而疏遠。而原本不認識的朋友，也可能在經常見面後變得要好。當想法隨著時間改變，我們和朋友的距離也會跟著變化。

這是很自然的事情，不必因為友誼的變化感到難過，只要依照當下的想法改變和朋友的距離就行了。

我們會將最要好、最合得來的朋友稱為「摯友」、「好兄弟」和「好姊妹」等，來表達非常親近的關係。假如出現你想更親近的朋友時，就可以試著問對方：「要不要來我家玩？」、「我可以去你家玩嗎？」、「我想當你的好朋友，你呢？」

相反地，如果以前一些稀鬆平常的事情，現在卻讓你覺得不自在，那就代表彼此的界線距離變遠了。例如：上小學後突然不想和爸爸一起洗澡了，或是覺得和朋友在游泳池一起淋浴很害羞，這時就可以說「我想自己洗澡」、「我覺得一起淋浴很害羞，我回家再洗」來表達自己的意願。

> 認識網路的界線

我可以上傳這張照片嗎?

　　覺得和朋友拍的照片很好看,就上傳到社群網站當大頭照,朋友得知後卻有意見,這件事真的這麼嚴重嗎?

　　大家想一想,照片中朋友的臉是屬於誰的?當然是朋友的。所以,要上傳和朋友的合照到社群網站時一定要問對方:「我可以上傳跟你的合照嗎?」就算自己覺得拍得很好,只要朋友不喜歡或沒有回應,就不應該使用。

像這樣有權利按照自己的意願處理拍到自己的照片，就稱作「肖像權」。有些人拍到朋友出糗的照片覺得很好笑，會惡作劇傳給別人，嚴格來說這種行為就是侵害了別人的肖像權。

不只是照片，當你要上傳文字或對話到社群網站和通訊軟體時，都應該先思考自己上傳的內容，會不會侵犯到別人的界線而引起對方反感。大家可以翻到第99頁，看看和朋友聊天時有哪些注意事項。

在網路世界還有一個務必遵守的事情，那就是不要傳送自己的照片、姓名、學校、地址、電話號碼等個人資料給網路上認識的人，因為這些資訊很可能會到處外流，而引起不好的事。還有人們在網路世界通常使用暱稱，不是真實姓名，就算對方說自己是小學生，實際上很可能是不懷好意的大人，一定要小心，不可以輕易相信別人。

上網時一定要遵守的事
不要上傳個人資訊或照片給網路上認識的人，以免被拿來做壞事。

第 1 章・懂得維護界線　23

保持健康的距離
改天再傳訊息

　　朋友一天到晚傳訊息來，但放學要趕著去補習，回家還要寫功課，超級忙碌的，可是不回他又覺得怪怪的……你也有過這種經驗嗎？

　　先來聽聽森林裡樹木的故事吧！聽說樹木最上方的樹枝會避開彼此生長，這樣樹葉之間才能保持一定的距離，可以充分曬到陽光而活得更久。朋友之間也是類似的道理，要保持健康的距

哪邊的關係更健康呢？
和朋友在一起的時間雖然很開心，但互相尊重彼此的時間，可以讓友誼更長久喔！

離，互相尊重彼此的自由時間，才能輕鬆自在地維持友誼。

不停地打電話、隨時隨地問對方在做什麼、已經說過不喜歡卻還是一直跟著、一聲不響就跑到別人家裡、要求對方只能跟自己玩……這些都是跨越朋友界線的行為。每個人都有想聯絡時再聯絡他人、想與特定朋友一起玩耍的自由，大家應該互相尊重。

當朋友傳送太多訊息打擾到你，或是要求只能跟他玩，不能跟別人玩的時候，你可以試著表達：「我正在寫功課，改天再傳訊息好嗎？」或是說：「雖然我喜歡跟你玩，但我也想和別的朋友玩。」

第 1 章・懂得維護界線　25

> 維護自己的隱私

我不想談這件事

雖然有喜歡的同學，但因為害羞也害怕傳出去，所以不想告訴朋友，沒想到朋友卻一直逼問……如果是你，會怎麼辦呢？

內心想法、私人生活和個人資料，都是屬於「自己」的領域，不該被別人介入。這也稱為「隱私」，包含了只屬於「我」的事物，例如：個人經歷、喜歡的朋友、身高、體重、父母離異之類的家庭狀況，以及與朋友分享的祕密等等。

要不要告訴別人某些事、要告訴誰、要說得多詳細，這些都由你決定。有人可以敞開心胸說出口，有人則絕口不提。有些話我們只想對家人和摯友說，而有些話我們不想告訴任何人。

也許你會擔心朋友會因為你不想說而不開心，但「不想說」單純是意願問題，不代表你不信任或不尊重朋友。這是很自然的情緒，並不是犯了錯，所以各位可以放寬心。遇到不想說的時候，可以告訴對方：「我不想談這件事，可以體諒我嗎？」或是說：「請互相尊重隱私。」

有些話我們只願意告訴一位朋友，想對其他人保密，這時候就可以先告訴對方：「你不要告訴別人這件事喔！」如此一來，朋友也能保守祕密。

保護隱私的方法
直接說出自己不想談那件事，如果對方是好朋友，一定會尊重你的意願。

當自己真正的主人

這些事情才是對我好的

「真想每天只做自己喜歡的事，不用聽大人嘮叨！」大家應該都曾這樣想過吧？

讀到這邊，你應該很清楚「自己的身體和心理」都在個人界線的範圍內，都屬於「我」；而在界線裡，你有權利依照自己的意願做事。不過，屬於你的不只有權利，還有責任。

想像一下，假如班上每個人都隨心所欲在教室亂跑、亂丟東

西會怎樣？一定會有人受傷或吵架吧！所以才會制定出「請勿在教室奔跑」、「請勿造成其他同學困擾」這些生活公約，要求所有人都犧牲自己的一點點方便來維護環境。

　　個人生活也是一樣的道理。如果因為喜歡炸雞就每天只吃炸雞、喜歡打電動就玩一整天的話，結果會怎麼樣呢？身體一定會變得很不健康，也會對心理和情緒帶來不好的影響。

　　身為自己真正的主人，就要懂得遵守健康的生活規律，為自己的身體和心理負責。小朋友因為經驗和判斷力還不足，需要聽爸爸媽媽、老師等信任的大人的話，並經常問自己：「什麼事才是真的對我好？」試著去分辨事情是否對自己有幫助吧！

吃一大堆速食　　　打電動一整天 　　　一生氣就遷怒他人

成為自己真正的主人
知道什麼對你的身心是好的、什麼是不好的，並且要懂得選擇對自己有幫助的事！

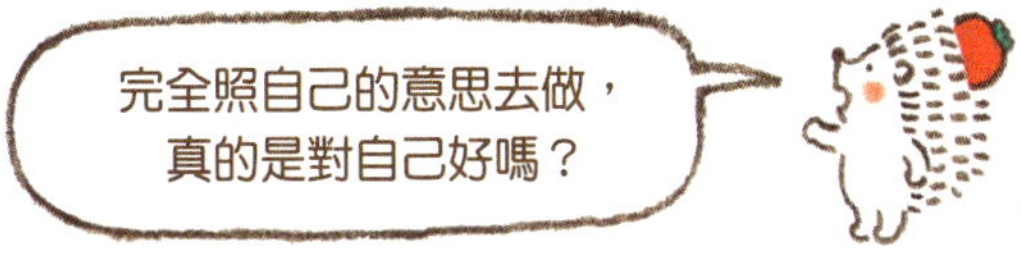

完全照自己的意思去做，真的是對自己好嗎？

第 1 章・懂得維護界線　29

實際演練

如何在友誼中遵守界線呢？

界線就像一條安全線，用來劃分屬於你自己的重要領域，裡面包含你的身體、心理、想法和物品等。大家互相了解並遵守各自的界線，就能保護自己、朋友和身邊的人。因此，要清楚說出你的界線在哪裡，才能避免別人不小心越界讓你感到不舒服；而別人事先知道該注意什麼，也比較能夠體諒你的情況。

1. 了解自己的界線並告訴朋友

如果不知道怎麼開始認識自己的界線，可以參考下圖的做法，在白紙上分別寫下你發自內心「想做的事」和「不想做的事」。往後只要你有靈感，就可以繼續寫下去。

我的界線

想做的事	不想做的事
去補習前和朋友一起玩	陪朋友蹺課不去補習
借書給朋友	被朋友打
和朋友手牽手回家	被朋友罵

在白紙上親自寫寫看！

像這樣先仔細了解自己的界線，要告訴朋友時就會更容易。請在下方的空白處填寫，一起和朋友約定遵守彼此的界線吧！

我願意（我可以）＿＿＿＿＿＿＿＿＿＿

我不願意（我不想）＿＿＿＿＿＿＿＿＿＿

我叫做＿＿＿＿＿＿＿＿＿＿，我同意遵守並尊重朋友的界線。

---

2. 避免無意間說出跨越他人界線的話

人們經常在無意間說出以下的話語，卻沒發現這些話可能會踩到對方的界線，造成別人不舒服。希望大家盡量不要對朋友說這些話。如果遇到還不知道界線是什麼或不小心犯錯的人，可以和他一起讀這本書，或親切地教導對方你學到的內容。

ⓧ「你的身高、體重是多少？」－ 隨意詢問個人資料

ⓧ「因為你是獨生子才會這樣吧。」－ 隨意評論別人

ⓧ「那麼簡單，誰不會呀！」－ 嘲笑或瞧不起別人

ⓧ「憑你也想當偶像？少作夢啦。」－ 貶低他人的價值

ⓧ「你該減肥了。」－ 批評別人的身體

ⓧ「跟我玩就好，不准跟別人玩。」－ 沒有保持健康的距離

學會徵求同意

為了和朋友建立舒適及良好的關係，
上一章我們學到認識界線的重要性，
也了解到「我的界線」裡有哪些東西，以及該如何保護它們。
這一章我們要學習「徵求同意」來維護朋友的界線，
要尊重自己和朋友的意見，才能拉近彼此的關係。

> 了解徵求同意是什麼

我可以這麼做嗎？

　　表弟真的好可愛，臉頰軟軟嫩嫩的，讓人好想捏一下。但請看看表弟的表情，大家覺得他的心情如何呢？

　　不管年紀再小，表弟就是自己臉頰的主人，臉頰在他的界線範圍裡。如果想走進別人的界線，應該要先問對方，不可以擅自闖入，這就叫做「徵求同意」。

　　同意，由「共同」的「同」和「意識」的「意」組成，代表

徵求同意的方法
如果想和朋友一起做某件事，應該先問朋友的意見，並尊重他的回應。
請翻到第105頁，多多練習如何徵求別人的同意吧！

> 我可以摸一下嗎？
> 好啊，可以。
> 我可以進去嗎？
> 嗯，進來吧！
> 我可以坐一下嗎？
> 當然囉！

　　雙方取得共識；而徵求同意，是像重視自己的界線一樣重視他人的界線，去徵求對方允許做某件事的意思。徵求同意時，你可以用「……好嗎？」、「我可不可以……？」的句型去詢問對方的想法，然後再依照對方的回應去做。

　　想碰觸表弟的臉頰時，應該先經過表弟的同意再摸。想和朋友一起玩耍時，也應該先詢問朋友的想法，因為對方可能想做別的事，所以要先問過對方，了解他的意願。

　　徵求同意時，要尊重對方的回答，就算被表弟或朋友拒絕，也不可以生氣或埋怨。就像在你的界線內以你的意見為主一樣，別人也有權利在自己的界線內以自己的意願為優先。

關於答應和拒絕

不想的話就直接告訴我

> 你看，筆記本很漂亮吧！我們用這個一起寫交換日記吧！

交換日記

> 你可以嗎？

> 她怎麼不回答？這是代表同意嗎？

邀請朋友一起寫交換日記，朋友卻沒有任何回應，既然她沒說不要，那就代表同意了？你覺得是這樣嗎？

其實，能在當下就明確拒絕的人比想像中還少，沒有回答不一定就是同意。就算是大人，也經常因為擔心讓對方心情不好或感情變得疏遠而不敢馬上拒絕。這時候我們該怎麼做，才能得知朋友真正的想法呢？

當朋友轉移話題、突然不講話、表情僵硬或眼神飄移時，試著再問對方一次：「可以嗎？」然後再加上一句：「不想的話，就直接告訴我喔！」如此一來，就能謹慎地觀察出朋友的想法。

如果朋友還是沒回答，很可能就是不願意。或是表面上說「好」，但語意含糊不清、表情變得陰沉，通常也代表不願意的意思。如果這時候你告訴對方：「不想的話，不做也沒關係。」像這樣緩和朋友的情緒，一定會讓你顯得很帥氣。

徵求同意也包含懂得觀察對方的表情和想法，一起練習如何確實徵求別人的同意吧！

不願意的表情
徵求同意時，除了聽朋友的回答，也別忘了觀察對方的表情和關心他的想法喔！

1　　2　　3

4　　5　　6

請分別選出答應和拒絕的表情。

第 2 章・學會徵求同意　37

充分考慮後再答應

我需要時間想一想

班上同學邀請你一起拍大頭貼,雖然和那位同學很熟,也滿喜歡他的,但好像還不到想合照的程度,可是也不到很排斥⋯⋯真令人煩惱!面對這種情況,你該怎麼回答呢?

受到朋友邀請,有時候會有一種模糊的感覺,既不討厭也不喜歡,這就是你需要時間考慮的信號。這時可以老實告訴對方:「我也不確定」、「我需要時間想一想」,不用馬上回答也沒關

係。接著花點時間思考自己的意願,如果很難做決定,也可以向信任的大人尋求建議。相反地,輪到自己徵求朋友的同意時,如果朋友說「不確定」,也要給對方時間,告訴他:「你需要時間想一想嗎?那我等你考慮。」

遇到問題時,若想順利做決定,平時就要多了解自己喜歡或討厭什麼,以及願意或沒辦法答應什麼。一邊深入了解自己是什麼樣的人,一邊學習如何放心做出令自己滿意的選擇。

現在就讓我們來練習看看吧!請參考以下選項,如果同意就畫○,不同意就畫×,不確定則畫△,給自己時間想一想。

我同意和不同意的事

- ☐ 讓家人看我的手機
- ☐ 上傳我的照片到社群網站
- ☐ 讓爸爸媽媽看我的日記
- ☐ 讓朋友輕拍我的身體
- ☐ 朋友稱呼我的綽號
- ☐ 和喜歡的同學交朋友
- ☐ 責備朋友
- ☐ 讓別人知道我的身高和體重

> 除了這些,也試著列出其他問題想想看!

> 答應之後改變心意

不好意思，我要先走了

　　受邀參加朋友的生日派對，但她卻只顧著和班上同學聊天，沒有邀你加入話題，你覺得被冷落了。不過是自己答應要來的，就算感到不舒服也要留到最後才有禮貌吧？你是這樣想的嗎？

　　原本和朋友開心玩樂，卻突然想回家，如果遇到這種情況，選擇先回家也沒關係，因為一開始同意不表示就要堅持到最後。當你覺得不太舒服，就可以說：「不好意思，我要先走了。」

本來和朋友愉快地玩了一段時間，結果對方開了一個不好笑的玩笑，你會怎麼做？原本和朋友一起踢足球，後來有人看到流浪貓就找大家一起欺負牠，雖然在此之前你都很開心，但此時你一定會覺得「我好像不喜歡這樣」。

這時就要按下心中的停止鍵了，別再做下去，然後告訴對方：「我不喜歡這種惡作劇，我要先走了。」或者說：「我不喜歡這樣，我們玩別的吧！」畢竟一開始答應一起玩的時候，你並不知道朋友會有這些舉動，所以當玩到一半想離開時，隨時都可以停止的。

答應對方後，想改變心意怎麼辦？
當朋友惡作劇時，不必因為答應要和朋友一起玩就繼續陪到最後。如果覺得不舒服，就直接說：「我不想玩了！」

> 我不想繼續了。

> 我雖然答應和朋友一起玩，但並沒有說好要惡作劇。

> 分辨徵求同意和命令

可以聽聽我的意見嗎？

> 我說你、你、還有你，怎麼可以這樣唸妖怪的臺詞呢？一點都不可怕啊！要像我這樣唸才對！

> 但我不太喜歡那樣唸呀……

同學們聚在一起練習班級的戲劇表演，其中一名同學卻要求別人照自己的語氣唸臺詞，但你其實不太喜歡那樣唸，你該照同學的話去做嗎？

有時候會遇到有人單方面要求「照我說的做」，而不去問別人「這樣做如何」，這種行為就稱為「命令」。有些人會因為自己是班級幹部或力氣比較大，就不問同學的意見，並指使別人做

事。當有人不問我們的意見就要照他的心意做事時，可以告訴對方：「我知道你的想法，但你可以聽聽我的意見嗎？」或者說：「大家一起討論後再決定吧！」萬一因為不敢說出口就照朋友的話去做，表面上雖然聽從了朋友的意見，卻不是真心同意，心裡也會累積不滿。

「命令」是某人單方面逼迫別人做事，「徵求同意」則是平和且平等地交換意見。因此，如果想讓一群朋友願意團結力量，比起用命令的方式，尋求大家的同意會更好。

在日常生活中，你能清楚分辨「徵求同意」和「命令」嗎？想想看，自己是否曾因不敢拒絕對方而遵命照做呢？或是你有沒有用過命令的語氣和朋友說話呢？

命令和徵求同意的差別
「命令」是只聽一個人的話，「徵求同意」則是尊重所有參加者的意願。

> 在不受影響下答應對方

其實我並不想這麼做

同學提議一起去網咖玩,不要去補習,因為其他同學都附和,你只好跟著說要去,但又很擔心爸爸媽媽知道了會罵人。面對這種情況,你該怎麼做呢?

我們先來看一則研究吧!研究人員用問卷調查小學生:「你是否曾模仿罵髒話的同學,跟著罵出髒話?」很多同學都回答:「是。」他們還做了實驗,請班上很受歡迎的同學提議,叫大家

都蹺課不要去補習，結果也有很多同學贊成。

由此可知，當要好或受歡迎的同學做出某種行為時，我們也會受到影響而跟著做，因為我們想在一群朋友中找到歸屬感。這其實是很自然的心理，但我們應該謹慎思考，是否要為了討好朋友而勉強做自己不願意的事，或開了危險的玩笑甚至說謊。這個時候，我們可以問自己：

「我真的想這麼做嗎？」

「做了以後會不會後悔呢？」

「會不會有人因為我的行為受傷呢？」

不適合你的行為不是非得做不可，才能交到很棒的朋友。如果你跟某些朋友玩的時候，常常需要勉強自己做一些事，那反而代表這是一段不好的關係。務必就這個情況，檢視一下自己的友誼關係。

我該跟著同學做嗎？
就算其他同學贊成跟著做，我們也可能不喜歡這樣。記得傾聽自己內心的聲音再行動喔！

第 2 章・學會徵求同意　　45

> 在團體中取得共識

先聽聽大家的意見

因為提早下課，與同學約好去吃點心，但大家想吃的食物都不一樣，這時候該怎麼辦呢？

有時候我們只需要徵求一個人的同意就好，但也有像這種情況，必須徵求好幾個人的同意。這時就可以說：「我們要做什麼呢？大家都說出自己的意見吧！」表達意見時，不妨也把理由說出來。比起兩個人取得共識，徵求多人的同意會更複雜也更花時

間，而詳細說明理由能讓大家比較優缺點，可以更順利地做出決定，例如：「去漢堡店可以坐著聊天比較久，大家覺得如何？」

當要統整好幾個意見時，可以用多數決或猜拳決定，也可以輪流決定。例如：「上次選了小朱的意見，今天照小允的想法怎麼樣？」像這樣輪流照每個人的意見去做。

徵求團體的同意還需要注意一件事，那就是尊重所有的意見，避免說出「我覺得還好」、「你怎麼會提議這種事」這類的話。畢竟團體相處時，做什麼事固然重要，但大家互相體貼，一起度過愉快時光也非常重要。

徵求團體同意的方法
徵求多人同意比兩個人取得共識更複雜也更花時間，可以試試以下的方法。

① 每個人都說出意見

② 從中投票選出一個

③ 或用猜拳決定

④ 輪流照每個人的意見決定也很好喔！

第 2 章・學會徵求同意　47

分辨徵求同意和逼迫
請尊重我的意願

> 我這個星期當值日生，跟我換吧！

> 不行，我功課很多，抱歉！

> 我一定要換啦！當朋友怎麼這點小忙也不肯幫？

> 不幫忙就不算好朋友了嗎？

　　死黨要求跟你交換當值日生，但你這星期功課很多也很忙，無法幫好朋友，這樣很自私嗎？你認為呢？

　　因為沒幫朋友，對方就生氣或責罵我們時，我們可能會覺得自己好像犯了錯，或認為自己像個很壞、很自私的朋友。不過，請記得：「當朋友連這點小忙都不肯幫嗎？」、「你根本不算真正的朋友」、「不幫忙的話，我就不跟你好了」這些話，都只是

徵求同意和逼迫的差別

徵求同意時，就算被拒絕也會尊重朋友；讓朋友感到內疚而去做不想做的事，這就叫做「逼迫」。

> 要斷絕會引起我們自責的話！

> 要尊重朋友的拒絕。

> 可惡！這點小忙也不幫。
> 當朋友這點小事都不肯幫忙嗎？
> 不幫忙的話，我就不跟你好了！

在引起我們的罪惡感罷了。

　　罪惡感，是犯錯時感到必須負責的情緒。讓對方覺得自己好像犯了錯而感到抱歉，用這種方式強迫別人答應要求，這麼做並不是在徵求同意，反而更像是在「逼迫」別人。

　　別人不幫忙並沒有錯，能夠正確徵求同意的人，往往也會尊重朋友的回應，而不會隨意控制朋友。下次遇到這種情形，你就可以說：「抱歉，這件事我沒辦法幫忙」、「我不太想這麼做，可以尊重我的想法嗎？」、「希望你不要說『不想跟我好』這樣的話」。

第 2 章・學會徵求同意　49

如何應對陌生大人的強迫

不要！不可以！

有時候在路上會遇到陌生大人要求我們一起去某個地方，或說要送我們東西，要求跟著他走。大家應該都知道，這時候千萬不能跟著陌生人走吧？

大人用禮物利誘小朋友，或用恐嚇的方式要求我們去做某件事，這都不算徵求同意，而是「強迫」和「威脅」，嚴重時甚至會構成犯罪。

不要！
不可以！

救命啊！

- 大聲吼叫準備要打人時
- 要求我們裸露身體，或是對方裸露自己的身體時
- 要求我們保密和他見面的事情時
- 威脅如果不聽話就把我們犯的錯或祕密告訴別人時
- 用手機傳奇怪的訊息給我們時

不只是陌生的大人，當親戚、熟悉的鄰居與長輩對我們做出上述舉動時，也一定要大聲拒絕，大喊「不要」、「不可以」，然後迅速離開現場。如果被對方抓住，記得大叫：「救命啊！」請求附近的大人幫忙。

遇到這種事，我們可能會嚇得不敢說不，但事後一定要將發生的事情告訴爸爸媽媽或老師等信任的大人。就算無法在當下拒絕，犯錯的是那個壞人，絕對不是你的錯。萬一不知道該向誰求救，可以試著撥打以下電話。

- 113：在家或其他地方遇到暴力或困難時，請打這支電話
- 1925：可以諮詢沒辦法自己解決的嚴重煩惱
- 1953：遇到校園暴力等嚴重問題時可以求救
- 110：遇到緊急情況需要警察協助時，請打這支電話
- https://bully.moe.edu.tw/message：不方便講電話時，也可以在這個網站的留言板或聊天室線上諮詢

要記起來的諮詢電話！

> 多問開放式問題

你覺得怎麼樣呢？

當朋友理所當然地問：「你也覺得吧？」這個時候，就算覺得還好也會說不出口，你也有過這種經驗嗎？

當被問到：「你也覺得吧？」我們會覺得對方已經預設好想聽到的答案了，因此通常會草率附和。像這種已經預設答案的問題，就稱為「封閉式問題」。

也許我們可以改問朋友：「我這星期想看電影，你呢？」如

此一來，朋友就有更多彈性可以表達自己想不想看，以及想看哪部，就不會草率回應了。這種讓朋友可以自由表達意見的問題，就稱作「開放式問題」。

雖然封閉式問題並沒有不對，但多使用開放式問題可以讓我們更了解朋友的心意和想法。

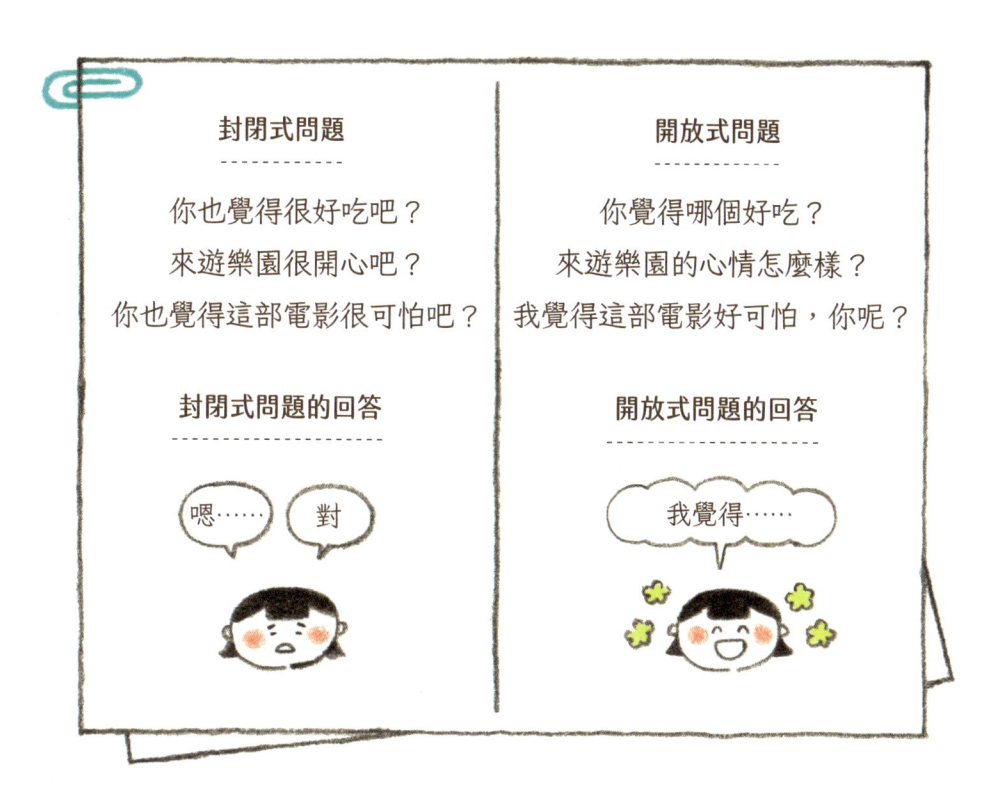

封閉式問題

你也覺得很好吃吧？
來遊樂園很開心吧？
你也覺得這部電影很可怕吧？

封閉式問題的回答

嗯……　對

開放式問題

你覺得哪個好吃？
來遊樂園的心情怎麼樣？
我覺得這部電影好可怕，你呢？

開放式問題的回答

我覺得……

想問開放式問題，只要加入「你覺得哪個……」、「……怎麼樣？」、「你覺得呢？」這些句型，朋友就能愉快地回答自己喜歡的東西、想做的事和真正的心情。

實際演練

徵求同意的健康三原則

　　徵求同意，是尊重別人身體和心理的方法；也就是事先詢問朋友，自己可不可以說某些話或做某件事，以此來取得對方的允許。有時候不同的朋友會對同件事有不同的意見，這是為什麼呢？一起來了解徵求同意時，一定要遵守的三個原則吧！

1. 明確的回答才算真正同意

　　明確說出「好」、「可以」時，才算真正的同意。當朋友回答時猶豫不決，就不算同意。我們可以觀察朋友的表情和舉動，如果是眼神飄移、表情僵硬、轉移話題，都很可能代表拒絕。這時候，請等待感到為難的朋友。如果對方最後還是沒有明確回答，那就不算同意。

2. 當下的回答才算同意

　　先前答應過的事，不代表現在也同意。就算曾經向朋友借東西來用，也不代表下次一定可以借。因為這段期間朋友的想法和狀態很可能已經改變，我們應該再問一次。朋友當下同意，才算是真正的允許。

3. 在不受別人影響下說的話才算同意

　　在他人的過度影響下，即使嘴上說「好」，卻可能是因為有所顧慮才同意，並不是真心答應。唯有在平等的關係、不受彼此的影響下，才能發自內心同意他人。

　　大家可以利用以下清單，確認自己和朋友是否處於平等和健康的關

係。當關係不平等時，就很難正確地徵求同意和答應別人。遇到煩惱時，也可以請教爸爸媽媽或老師喔！

檢視不健康的朋友關係

如果你有以下的朋友請打勾，只要有一個勾勾，就表示你和對方無法正確地徵求彼此的意見，建議你和對方保持距離。

- ☐ 會一直看他的臉色
- ☐ 和他在一起時總覺得很不安、很累
- ☐ 他好像比我強壯
- ☐ 他會試圖強迫我做某些事
- ☐ 他不讓我和別的朋友相處
- ☐ 我總是覺得自己比不上他

你會答應吧？

嗯⋯

受對方影響，不是真心同意

你也同意嗎？

贊成！

健康的真心同意

第 2 章・學會徵求同意

第 3 章

練習明智地拒絕

當朋友沒問我們就照自己的想法去做，
我們會覺得不舒服、很討厭，這時候就要學會說「不」。
許多人覺得拒絕別人和被拒絕都讓人很難堪，
但其實只要練習幾次就能馬上學會！
這一章會教大家如何聰明地拒絕別人。

有時候委婉地拒絕。

有時候果斷地拒絕。

拒絕也有很多方法喔！

> 委婉地拒絕

下次再一起玩吧！

邀請朋友一起玩，對方卻冷淡地拒絕了，讓人覺得有點丟臉，不禁想著：「她是不是討厭我，才不想一起玩呢？」面對這種情況，你的想法是什麼？

當朋友不想一起玩，當然可以「拒絕」我們，這不是因為討厭我們才拒絕。事實上，每個人當下的心情和狀態，都可能影響他參與的意願和行動力。

你一定也遇過朋友邀請你來玩，但你卻不想玩的時候吧？這時，你不必配合朋友而勉強答應，只要適當地拒絕，就可以守護自己的想法。

委婉拒絕的方法
要拒絕邀請你一起玩的朋友，你可以說：「謝謝你邀請我，下次再一起玩吧！」或者相約改天再一起玩。

試著誠實說出自己的想法吧！不過，如果斬釘截鐵地說「不要，我不想玩」、「我不要」等話語，朋友可能會感到尷尬，下次就不敢邀請你一起玩了。你只是「現在不想玩」，朋友卻可能誤會你是「不想和我玩」。

多多體貼邀請自己玩的朋友，委婉地拒絕對方吧！告訴對方：「謝謝你邀請我，下次再一起玩吧！」也可以客氣地說出理由：「我今天心情不好，想要一個人。」

「下次再一起玩吧！」這句話包含「現在雖然不行，但很希望下次可以一起玩」的心意，代表尊重朋友想和自己玩的想法。只要這麼說，就可以避免朋友誤會或傷心。

第 3 章・練習明智地拒絕　59

不著痕跡地拒絕
我不清楚耶！

閃亮亮～

華麗～

你不覺得他們很裝模作樣嗎？以為自己是偶像嗎？

呃……

　　班上有同學像偶像一樣很會打扮，但你並不覺得他們裝模作樣。在上述的情境下，你會怎麼回答呢？

　　朋友聊天時很可能會說其他同學的壞話，你也說過別人的壞話嗎？當時有什麼感覺呢？會不會很擔心被當事人發現？如果他聽到了，會不會產生不好的情緒？

如何不著痕跡地拒絕
當朋友說其他同學壞話時,表示自己不清楚或轉移話題,都是拒絕的方法之一。

> 我不清楚耶!
> 對了,天氣好熱喔!

> 她自以為很漂亮……
> 他好壞……
> 他……

　　只要心裡有一點點不安或擔心,就不應該說別人壞話。但如果在朋友說別人壞話時直接說「不要說別人壞話」,又可能會害朋友尷尬。其實,不一定要果斷地說「不要這樣」才能拒絕別人,「不著痕跡地拒絕」也是個不錯的辦法,像是「只聽朋友說,不一起跟著說壞話」就是其中一種做法。

　　朋友在說別人壞話時,我們也可以表示自己不清楚或轉移話題,例如:「我沒和他說過話,所以不清楚」、「對了,今天營養午餐吃什麼?好餓喔!」用這些話來避開自己不想聊的話題。

第 3 章・練習明智地拒絕

> 果斷地拒絕

討厭！不要這樣！

　　有個朋友老是在打招呼時打你的頭，那樣真的好痛，令人心情很差，你甚至懷疑他是不是瞧不起你。碰到這種情況，你會怎麼做呢？

　　前幾篇我們學到委婉拒絕的方法，但有時也需要果斷地拒絕別人。當有人打你、欺負你或試圖碰觸你的身體時，就應該大聲拒絕，直視對方的眼睛並清楚地說：「討厭！不要這樣！」、

「不要打我，我不喜歡！」記住，要用很認真、很堅決的表情說，不可以帶著笑容或面無表情。覺得彆扭的人，可以先跟家人練習看看，也可以對著鏡子演練數十次。

如果這麼做之後，同學依然對自己沒禮貌，就可以告訴他：「我要告訴老師！」轉而尋求老師的幫忙。有些人認為告訴老師就是打小報告，但老師本來就有義務知道班上發生的事情。所以一定要告訴老師，至少讓欺負你的人知道，「惹到你」這件事會被老師知道的。

很多人認為，「笑著接受」才是好孩子，「生氣拒絕」就是壞孩子。然而，一再容忍對自己沒禮貌的人，這並不是對自己好的行為，大家要懂得先保護最珍貴的自己。斬釘截鐵拒絕別人一開始雖然很難，但多練習幾次後，就會比想像中簡單。

果斷拒絕的方法
當有人打你或欺負你，記得用力瞪對方，清清楚楚地大聲說：「討厭！」、「不要這樣！」大家可以翻到第79頁和第103頁，多多練習如何拒絕。

第 3 章・練習明智地拒絕

一定要拒絕的事
我才不要做

經常一起玩的朋友邀請你加入拉椅子的遊戲，但昨天才有同學因為這種惡作劇而哭了，他們今天竟然還叫你來玩，究竟該怎麼辦呢？

同學有時會邀請我們一起惡作劇，這時候一定要小心。尤其是會讓身體受傷的舉動，很可能會導致嚴重的意外，是絕對不能開玩笑的。而且遭受這些惡作劇的同學，內心可能會因此而受

當朋友想跟你玩危險的遊戲時
如果可能會讓自己受傷，或是害別人受傷，那麼就算是
很要好的朋友，也要勇敢拒絕，絕對不可以答應！

> 一起來打破吧！因為我們是朋友！

> 我才不要做沒良心的事，即使我們是朋友也一樣！

界線

傷，直到長大都還很難過。

因為人類有「良心」，所以覺得這麼做不對時，心裡就會不舒服。當你覺得心裡很不舒服，而且認為那個舉動可能會傷害到別人時，就一定要拒絕，並且告訴對方：「那是欺負同學的行為，我才不要做。」

不要因為好朋友的邀請，就去做自己不想做的事，或是推翻自己的界線。也許我們會擔心朋友因為被拒絕而不開心，但真正的好朋友應該守護彼此的良心和想法。就算朋友對你再好，如果相處時經常無法尊重你的良心和想法，那就應該好好檢視一下這段友誼，或許是不健康的朋友關係。

| 不傷害自尊的拒絕法 |

希望你可以支持我

你被選上擔任班級戲劇表演的女主角,但朋友卻覺得你做不到。聽了她的話之後,你突然也變得沒有自信,該怎麼辦呢?

當朋友說出讓我們氣餒的話,你要重視自己勝過那句話。試著像前面學過的內容一樣,清楚地畫下界線,別把令人氣餒的話放在心上。大家應該很常聽到「自尊」這個詞吧?它表示無論何時都很珍惜自己、重視自己的意思。往後遇到這種情形,你可以

試著對朋友說「我做得到」、「希望你可以支持我」，來鄭重回絕對方貶低自己的話。

「你應該會演得不好」只是朋友個人的想法，但他並不完全了解你，想法就有可能是錯的，甚至還可能是出於嫉妒而說出的話。所以，不必因為別人的想法或嫉妒心態而過於煩惱。

面對戲劇表演或上臺報告時，我們可能會因為想要好好表現而緊張，或為了別人的竊竊私語而變得敏感。這時，比起想著「我一定要好好表現」，不如試著去想「我會盡全力做」。就算一開始的表現不完美，但只要盡力，我們每天都會更進步，最後成為更棒的人。

我相信自己。

我感到自豪。

我愛自己。

什麼是自尊？
「不管表現得好不好，我都是珍貴的人。」
記住這件事就是有自尊的表現。

> 尊重拒絕的想法

因為我不想

每個人都有想拒絕朋友要求的時候,有時我們可以明確說出為什麼,有時則沒有特別的理由,或者不方便表達原因。

你是否曾經煩惱過,這種時候該用什麼理由拒絕呢?我們會因為拒絕他人而感到愧疚,通常是覺得自己讓朋友失望了,但世界上沒有人能夠總是答應別人的請求。所以,當你遇到自己辦不到的事情時,就要學會拒絕,你不必對每件事都感到抱歉。

> 我不想,但我說不出為什麼,你能體諒我嗎?

> 祕密

> 好,我知道了,我尊重你的意願。

說不出拒絕的理由該怎麼辦?
不用說也沒關係,可以直接告訴對方自己就是不想,而且沒有任何原因。

  拒絕時如果說不出理由,不說也可以,不讓朋友理解拒絕的原因也沒關係。畢竟,說不出理由的情況其實很多,例如:你也不知道自己為什麼想拒絕、有點知道為什麼又說不清楚、說了可能會害朋友傷心、說來話長,或者說了可能會吵架等等。

  即使無法清楚說出拒絕的理由,我們的身體和心理卻早已做出反應,例如:當你想逃避某位朋友的眼神,或突然想離開座位,這就是你想拒絕的信號。這時,可以試著用委婉的語氣告訴朋友:「不好意思,我不想,我也說不出為什麼,但我就是不想。」即使沒說明原因,這麼說也能在拒絕時照顧到朋友的心情。

交往情境下的拒絕

我還不想和你交往

要好的朋友對你告白了,雖然你也有點喜歡他,但他突然提出交往,真讓人措手不及,該怎麼回答才好呢?

校園裡常有同學互相交往,我們也許會出於羨慕或好奇想學他們嘗試一下,但還是要仔細探索自己的心意,再慎重決定是否要跟某位同學交往。

試著用前面學到的界線距離,來決定怎樣的距離令自己感到

最舒適與安全吧！只要心裡有一點點不確定，不答應交往也沒關係，必要時也可以和信任的大人討論。當你不確定心意，想要拒絕向你告白的朋友時，你可以說：「我還不想和你交往，希望你能諒解。」

即使接受告白交往了，也要畫下讓你感到最舒適的身體界線，只要感受到一點點的不舒服，或者對方沒有經過允許就跨越界線時，就要明確拒絕。越珍惜、越喜歡的關係，更要小心遵守彼此的界線。

不想繼續交往時，隨時都可以分手。只要你有這個念頭，無論何時都可以提出來。相反地，當對方提出分手時，我們也要懂得全然接受，也許會很傷心，但要尊重心儀對象的選擇。

叩叩　叩叩

交往關係

交往第一天

因為互相喜歡，更要尊重彼此的界線。

和朋友交往與分手
決定在一起時、交往後和分手時，都要尊重和遵守雙方的界線。

第 3 章・練習明智地拒絕　71

> 避免錯誤的拒絕

這是必須做的事,麻煩你了

大掃除的日子

你也負責掃地,對吧?可以掃一下這裡嗎?

我才不要。

大家都在打掃,你也要幫忙掃負責的地方。

我說不要就是不要!你憑什麼命令我?

　　全班在大掃除日一起打掃,卻有某位同學偷懶,請他一起掃,他竟然還對你破口大罵,這時候你該怎麼做呢?

　　正確的拒絕,是為了保護自己的身心而對做不到的事情說「不」,這是體貼彼此的重要決定。但有些拒絕是錯誤的,像是用挖苦諷刺的方式拒絕而讓對方難堪,這就是錯誤的拒絕。我們一定要學會清楚分辨兩者的不同。

帶著怒氣說「我才不要」、「不要」來回應請教或拜託我們的朋友，這並不是在保護自己，而是錯誤的拒絕。抱怨做事情很麻煩，而老是對爸爸媽媽或老師說「我才不要」，這也是不對的行為。身為小學生的你，應該要能夠輕易分辨「必須拒絕的事」和「即使麻煩也非做不可的事」。當你被同學不當拒絕時，就可以試著說：「就算不喜歡也必須做，麻煩你了。」

以嘲諷語氣拒絕他人，可能會傷了同學的心，也會讓雙方難以遵守基本的禮貌。切記，一定要多加留意拒絕的態度喔！

什麼是錯誤的拒絕？
為了保護自己與他人身心的拒絕是正當的。
但為了逃避不想做的事而拒絕，就是不對的。

> 接受別人的拒絕

這樣啊，我知道了

> 音樂習作考試是直笛二重奏，兩個人一組……

> 直笛二重奏考試，你要不要跟我一組？

> 不好意思，我想跟其他人一組。

> 吼，不要這樣嘛！就這一次跟我一組啦，好不好？

　　邀請同學在音樂習作考試同一組，對方卻拒絕了你，可是你真的很想和她一組，如果繼續拜託，她會不會改變心意呢？

　　被人拒絕一定會覺得很可惜，也可能會感到傷心或丟臉，但就算產生這些情緒，也應該冷靜地接受拒絕。換句話說，接受拒絕就是尊重對方的選擇。

不尊重朋友的拒絕會怎麼樣？
如果不接受朋友的選擇，一直糾纏對方的話，可能會害你喜歡的朋友很痛苦、很困擾！

　　心平氣和接受朋友的拒絕時，你可以說：「這樣啊，我知道了」、「我明白你的想法了」。被拒絕只是代表朋友當下的情況和意願不允許，並不是因為你犯了錯、不夠好或是討厭你，希望大家都可以尊重朋友的決定。

　　有時候我們會因為無法接受拒絕而一直詢問，甚至糾纏對方：「答應我一次就好，拜託」、「求求你」、「真的沒辦法嗎？」以為只要多問幾次，對方最後就會答應，但這種態度其實很不尊重朋友的選擇。真正丟臉的不是被拒絕，而是強迫你喜愛的朋友去做不願意的事，大家千萬要記得喔！

拒絕取笑和欺負別人

不要取笑我！

朋友取了一個你很討厭的綽號來嘲笑你，一開始忍耐了幾次，但你再也忍無可忍了！這時候該怎麼辦呢？

有時候朋友之間會藉由綽號、外表或弱點來取笑對方，當玩笑太過分且越界時，就會讓當事人感到不舒服。外表和特徵都專屬於「你」，在你的界線裡，別人隨意討論就是踩到你的界線。這時候，你要明確表達自己不高興、不喜歡，並且告訴對方：

「我真的很討厭別人這樣說,請不要取笑我」、「我覺得很討厭,別再說了」。

如果今天是你看見同學被取笑、被欺負,那又該怎麼辦呢?你可以跟周圍的人一起告訴對方不要這麼做,或者請老師幫忙。或許有人會覺得事不關己,為什麼要插手,但這個舉動其實能大大地幫助那位被欺負的同學喔!當班上同學經常互相幫忙、氣氛團結時,就能減少校園暴力的發生。

就算不是故意的,也要避免取笑同學。即使同學沒有制止,也不代表沒關係。很多人就算難過也不太會表達,所以即使對方沒有表示意見,也不代表可以隨便對待。一定要時時將人和人之間的界線放在心上,並且好好遵守!

每個人的外表和特徵都不一樣。

但每個人都是一樣珍貴的喔!

只是開個玩笑而已嗎?
就算只是開玩笑取笑別人,也可能害對方非常難過。即使不是故意的,也要盡量避免取笑同學,或做出令人討厭的舉動。

第3章・練習明智地拒絕　77

實際演練

為什麼拒絕別人這麼難呢?

在這一章,我們學到了「什麼時候該拒絕」、「如何拒絕別人」來守護自己的身體和心理。但要實際拒絕朋友或他人時,還是會令人緊張且提心吊膽到說不出口,該怎麼辦才好呢?

1. 難以拒絕的幾個原因

有許多人不擅長拒絕別人,通常有幾種原因:擔心拒絕會讓對方生氣、害怕被討厭、不想把關係弄僵、覺得體貼別人才是好人,以及和對方鬧得不愉快,自己也會覺得不舒服等等。

這些心情大家都體會過,而拒絕後擔心的事也可能真的會發生,但即便如此,我們還是必須學會拒絕。如果不敢拒絕而一味配合對方,我們內心的不滿只會逐漸累積,最後導致和朋友相處變得很有壓力,這段關係還是無法維持下去。

2. 妥善地拒絕也是在幫助朋友

當朋友一直做出我們討厭的舉動時，我們可能會覺得對方很壞、很糟糕。不過，你可以先回想一下，自己在應該拒絕時有沒有明確告訴對方？不夠清楚的拒絕，朋友可能會誤以為我們可以接受。因此，拒絕別人、告訴對方我們的界線，不只可以保護自己，也可以幫助朋友減少犯錯。

不要

討厭的話可以直接告訴我嗎？不然我不會知道。

3. 在日常生活中練習拒絕

如果還不熟悉如何拒絕，可以從簡單的步驟開始，試著準備幾句拒絕的臺詞，平常和家人、朋友互相練習吧！等到面臨必須拒絕的情況時，就能順利說出口了。

練習拒絕的說法

- 不好意思，我有約了。
- 我想做別的事。
- 我不玩了，該回家了。
- 謝謝你邀請我，但我今天沒辦法。
- 這種玩笑一點都不好笑。
- 雖然我很喜歡你，但我不想那麼做。
- 討厭！不要這樣！

第 4 章

善待彼此的**尊重**

你是自己的主人，也是這世界上最珍貴的人，
所以應該愛惜自己的身體和心理勝過一切。
懂得善待自己的人，也知道該如何善待別人。
一起來學習「尊重」，
了解善待且珍惜彼此的方法吧！

不要緊、你很棒、好厲害。

充滿了力量！

你好棒、好漂亮、好酷。

我知道！

> 了解什麼是自我尊重

珍惜自己原本的樣子

考試不小心答錯的時候

太誇張了，怎麼考得這麼爛？竟然連會的題目都不小心寫錯，真令人失望！

不小心寫錯讓你很難過吧？沒關係，這樣下次就會了，你是懂得從錯誤中學習的好孩子！

　　你覺得自己怎麼樣呢？即使功課不好、不夠受歡迎，或是考試考不好的時候，你還是喜歡自己嗎？

　　每個人最該重視且珍惜的人，就是自己。所以別用「我功課不好」、「我長得不好看」、「我什麼都比不過別人」這些話來貶低自己，因為你不是為了接受批評、比較而存在的，此刻的「你」原本就是值得尊重的人。

當同學考不好而沮喪的時候，我們通常會安慰他，對吧？請你也這樣對待自己！表現不好的時候，更應該為自己加油，這就叫做「自我尊重」。試著對自己說：「就算偶爾表現不好也沒關係」、「就算偶爾犯錯，我還是喜歡自己」、「現在的我已經夠好了」、「努力的自己很了不起」。

如果我們經常嫌棄自己、責備自己，那就表示我們沒辦法和自己和平相處。相反地，當我們能夠寬容、親切對待自己時，就表示我們是自己可靠的朋友。

當壓力很大或遇到挫折時，以下哪種朋友更有幫助呢？替你加油的朋友，應該比責罵你的朋友更能鼓勵自己吧？所以，請試著當自己最好的朋友！

什麼是自我尊重？
就是成為自己可靠的朋友，像對待好朋友一樣喜歡自己、為自己加油。

接受別人跟自己不同

原來你是這樣

> 我在自習室讀書的成效最好,在家都不能專心。

自習室

> 是嗎?我是在家一個人讀書的成效比較好!

原來如此!

> 哇!真的嗎?我們兩個好不一樣喔!

> 對呀!我喜歡在家讀書,你喜歡在自習室。

　　你在家完全無法專心,所以經常去自習室;朋友則是一定要在家一個人讀書,成效才會好。原本想和他一起去自習室讀書,你覺得真可惜。

　　有時候朋友的想法和喜歡的東西和我們很不一樣,此時如果問:「你為什麼這麼想?」或者說:「我的想法才對。」就很可能會踩到朋友的界線。

當朋友和自己不一樣時
每個朋友的想法和喜歡的東西都不盡相同,這並不奇怪,也沒有對錯。試著說「原來如此」來接受彼此的差異吧!

> 我想走這條路。

> 我更喜歡這條路。

> 原來如此,我尊重你的選擇,那我們等會兒見囉!

　　我們有自己的喜好,朋友當然也有,這時應該說:「原來你的想法是這樣!」大方接受彼此的差異。就算因為喜好不同,使得這次不能結伴,下次也一定還有機會一起相處。

　　另一方面,如果朋友的想法和我們相似或有共通點時,則可以說:「對啊!我也這麼覺得!」以此來肯定朋友的話,這就叫做「附和」,代表認同朋友的想法。如果把「溝通」比喻成做菜,附和就像是放入菜裡的調味料,可以讓料理更美味。聽朋友說話時,比起安靜地傾聽,適當的附和能讓溝通變得更愉快喔!

用正面話語取代批評

這也很正常啊！

> 呼，天氣好熱喔！明天要不要一起去游泳？

> 嗯……雖然我很想去，但是我不會游泳。

> 什麼？你怎麼連游泳都不會？

　　同學邀請你一起去游泳池，可是你不會游泳，坦白告訴他之後，卻被嘲諷譏笑。碰到這種情形，你的感受是怎麼樣呢？

　　很小就學游泳或很會游泳的同學，可能不懂有些人還沒學過。事實上，每個人都是不一樣的，喜歡的事、想學的東西、擅長的領域都不同。遇到這種情況，可以用理解對方的方式，給予正面回應：「不會也是很正常的！」當朋友聽到這樣的回應，比

> 我不會游泳。
>
> 這也很正常啊！我來教你。
>
> 我也要一起游泳！

更能鼓勵人的話
說出「這也很正常」這類體諒的話，比起去批評人家「為什麼不會」，更能讓人開心，也更能鼓勵別人。

較會因為被理解而坦率地對你說出真心話或難以啟齒的事。如果雙方能成為這樣的朋友，那麼這段友誼一定很美好！

除了對朋友，我們也可以告訴自己：「這也很正常啊！」當你不會某件事或失敗時，批評自己「為什麼我做不到」，這種不好的行為叫做「自責」。與其如此，你可以換個角度想，失敗也可以是很了不起的事，因為這表示自己勇敢地挑戰了某件事！畢竟如果沒有挑戰，就不會有任何改變發生，也不會失敗了。

不管對朋友還是自己，比起問「為什麼做不到」、「為什麼犯了錯」，希望大家可以多說「學了就會啊！」、「挑戰自己很帥」來鼓勵彼此。

第 4 章・善待彼此的尊重

帶有同理心的溝通

還好嗎？你一定很難過吧！

當人們說出難過的事情時，有時候會被反駁：「這有什麼好難過的？」、「我以前更辛苦！」你也有過同樣的經驗嗎？

每個人都希望別人可以理解自己的心情，這也是為什麼我們喜歡和朋友見面聊天。當我們說出難過的事情時，如果朋友能認真傾聽，就會產生被理解的感覺，情緒也會在不知不覺間煙消雲散。像這樣理解別人的情緒或想法，就稱為「同理心」。人和人

的溝通不只是話語上的互動,還包含了這種心靈交流。

　　所以,當朋友分享難過的話題時,如果你無法同理或只顧著聊自己的事,下次朋友就不會想告訴你真心話了。這時候,應該觀察朋友的情緒,然後詢問對方:「你還好嗎?」這是在朋友傷心時最能開啟話題的一句話。

　　朋友傾訴煩惱時,我們不必代替對方判斷對錯或給予建議,因為朋友需要的只是有人理解自己的情緒,這時只要說:「你一定很難過吧?」像一面鏡子一樣完整反映朋友的情緒就夠了。只要用這種溝通方式去同理對待朋友,他一定很快就可以露出開朗的表情。

什麼是鏡子溝通法?
就是在朋友難過時,像鏡子一樣完整地反映對方的情緒,這樣朋友就會產生被理解的感覺。

我好傷心。　　你一定很傷心吧?
我好難過。　　原來你很難過。
好煩喔!　　你一定很煩吧?

稱讚別人和接受讚美

你努力的模樣好帥

朋友畫的漫畫真的好有趣，你稱讚了故事裡很棒的地方，結果朋友反而讚美你的感想很厲害，你們兩個都很開心！

讚美，是用話語讓別人感到自豪和被尊重的禮物；可以發現別人的優點，是一種很難得的才能。稱讚別人時，除了說出對方表現良好的地方，大家也可以試著發掘朋友默默投入的努力。

例如朋友考一百分時，我們可以稱讚對方的努力，讚美對方

有多麼認真準備考試，告訴他：「認真努力的你很帥耶！」如此一來，朋友一定會感到自豪，覺得自己受到了肯定！比起單純稱讚「很棒」，具體說出「哪裡棒」會更好，這樣也可以幫助朋友更加進步。

不過，稱讚時有一點要注意，就是不要拿其他朋友做比較。例如說「你唱歌比他好聽」這句話，就等於在批評其他朋友不如稱讚的對象。

有時候別人也會稱讚我們，當你收到他人的讚美時，可以不必為了表現謙虛而否認、貶低自己。只要大方接受並回應對方「謝謝你的讚美」，這樣稱讚和被稱讚的雙方就都會很開心！

如何正確地接受稱讚？
受到稱讚時，可以不用謙虛，試著開心地接受讚美，為自己的表現驕傲吧！

你很棒！讚！

沒有啦，我其實沒有那麼好。

謝謝你稱讚我，我好高興！

第 4 章・善待彼此的尊重　91

表達感謝

多虧有你，我玩得很開心

足球比賽後

　　我們這隊竟然又輸了，和踢不好的同學同一隊真的很吃虧，好煩喔！你也有過這種經驗嗎？

　　比賽成績不好時，我們有時會覺得是同學的錯、想責怪別人，因為結果讓人覺得太可惜、太難過了。如果陷入這種想法太深，就會看不見其他人的努力，只感覺到自己非常辛苦。

　　有時候團隊一起努力了卻不順利、沒有得到好結果，這時如

果怪罪別人「都是你害的」，很可能會傷對方的心。同學間像這樣互相責怪很可能會吵架，導致下一場比賽也很難順利發揮。其實，以後贏回來的機會多的是，所以不妨告訴對方：「雖然輸了，但多虧有你，我玩得很開心呢！」相信同學沮喪的肩膀也會再次打起精神的。

「多虧有你」，是對人表達感謝時說的話。無論足球踢得再好，也不可能自己一個人下場，必須有其他選手一起踢才能進行，也才有比賽的意義。日常生活也一樣，人與人之間是需要互相包容的。

多虧有周遭的人，我們才能心懷感激地享受每一天。從今天起，試著以「多虧有你」來取代「都怪你」吧！

雖然輸了，但我們都盡力了！多虧大家，比賽很有趣！

讚！這就是運動家的精神。

啪啪啪！

沒錯！

對啊！

「多虧有你」的力量
一起努力但結果卻不如意時，只要說「多虧有你，我很開心」就能重新打起精神喔！

第 4 章・善待彼此的尊重　　93

承認錯誤並道歉

對不起，我以後會小心

午餐時間

搖晃！

啊！

對不起，會不會很燙？我馬上幫你擦。

沒關係啦！

對不起！

我以後會小心。

微笑

沒關係！

　　午餐時竟然不小心往同學的座位打翻了湯，幸好沒有潑到他，但卻弄髒桌子了，這時候應該怎麼辦呢？

　　每個人都會犯錯，雖然很難避免偶爾的失誤，但我們可以聰明地處理這種情形。當你的言行舉止造成朋友的困擾時，坦率承認錯誤並道歉，是比較好的做法。

如何正確地道歉？
萬一冒犯了朋友，可以坦率承認錯誤，並且道歉或關心朋友。

> 我們丟的球害你跌倒了，對不起，我帶你去保健室吧！

> 一定很痛吧？對不起！

　　不過，有些人經常在道歉時找理由推託：「如果真的害你很難過，我跟你道歉」、「抱歉，但你應該也有錯吧？」這些話的用意是想為自己辯解，告訴對方不全然是自己的錯，但這種道歉反而會讓朋友聽了心情更糟，使雙方的感情更不好。

　　犯錯時，坦率承認錯誤並道歉是最有風度的。道歉時還可以加一句：「對不起，我以後會小心！」讓對方知道自己下次會留意；或以幫忙擦桌子等舉動關心朋友，以此來表達自己的誠意。

勇敢選擇並承擔責任

我想要這樣做

才藝表演時我們來跳舞吧!

好啊!我也想表演跳舞。

你呢?

跳舞嗎?嗯……好吧,我也一起跳。

整齊 劃一 失誤

我真的很不會跳舞,早知道就不跳了。

同手 僵硬 同腳 彆扭

　　你想在才藝表演時變魔術,但你的玩伴卻邀請你一起跳舞。明明不喜歡,但朋友都說要跳舞,你只好跟著跳了,可是真的很不擅長,到底該怎麼辦?

　　有時候我們會因為體貼別人、看別人臉色或不好意思表達而選擇配合朋友,即使自己有其他想做的事。這麼做雖然照顧了朋友,卻因為必須放棄真正想做的事而沒有照顧到自己。

我才是「選擇」的主人
多多思考自己喜歡的事、想做的事，對長大後需要做出重大決定和選擇時會很有幫助。

> 我喜歡這個和那個。

> 我喜歡這個和另外一個。

　　尊重自己的人通常懂得勇敢說出自己的心願，我們可以試著對朋友說：「我喜歡○○」、「我想要△△」。不過，人有時候會不知道自己喜歡什麼，許多大人也不擅長決定要吃什麼、要買什麼。所以我們要經常花時間去思考、歸納自己喜歡與想做的事情，例如喜歡的音樂、食物、歌曲、地方等等。每一次的選擇會漸漸累積，形成我們的整個人生。

　　做出選擇後，也要懂得為自己負責。如果最後決定和朋友一起表演跳舞，也是出於自己而不是朋友的選擇。要學著自己承擔選擇的後果，不該抱怨「為了朋友表演跳舞好累」。大家一定要記得，「我」才是每一個選擇和人生的主人喔！

實際演練

如何帶著尊重與人溝通呢？

1. 耳到、眼到、心到的傾聽

我們在講話時，如果朋友看向別的地方或沒在聽，我們就不想再說下去。「傾聽」是溝通時的要素，表示用耳朵、眼睛和心思去認真聽對方說話。我們可以在溝通時直視朋友，並且偶爾點點頭，表示有認真聽對方說話。聽完時也可以回應「原來如此」表達認同，這樣對話就可以愉快地進行下去。

原來如此。

這樣啊！

傾聽
表示用耳朵、眼睛和心思，真誠、認真地聽別人說話。

2. 等待句點的溝通法

意思是要等朋友說完話，才能結束這個話題。當朋友說「我最近在電腦教室學寫程式……」時，我們若插話說「我最近在學寫論說文」打斷朋友，對方就很難接著說下去。試著等朋友說完話之後，再說「原來如此」開始自己的話題，這樣對方也會認真聽完你的話。

等待對方的句點。

等待句點的溝通法
好好聆聽、不打斷朋友說的話，直到對方說完。

3. 線上聊天的溝通法

在線上聊天時，因為看不見對方，更應該謹慎說話。有些見面溝通可以輕鬆帶過的話題，在線上卻可能產生誤會。大家要留意，線上對話都會留下紀錄喔！

• 適當使用貼圖

聊天時我們經常會不自覺使用「要確（要確定）」、「觸（真的）」、「生快（生日快樂）」等流行語或簡稱。這些話在好朋友間使用固然很有趣，但對不了解意思的人卻很容易感到被冷落或產生誤會。大家務必體貼不同對象，視情況使用。

使用貼圖的方法
用太多貼圖時，會讓人看不懂想表達的話，甚至會顯得缺乏誠意。在表達共鳴時，適當使用就好。

• 小心語言暴力

在聊天室散播同學的謠言、邀請人聊天後卻和其他人輪流罵他、欺負對方，或者排擠某人而另外開新的聊天室說那個人的壞話，這都屬於語言暴力。這些行為會踩到同學的界線並造成對方困擾，應該小心避免。萬一自己遇到這些事，要記得把聊天的內容擷圖，立刻求助家長或老師。

附錄

- 讀後練習
- 給父母和師長的話：關於尊重界線

讀後練習

畫出自己的身體界線

請依照在第14、15頁學到的內容,在下圖著色畫出自己的身體界線吧!「任何人都不可以碰」的部位畫紅色,「必須經過我的允許才可以碰」的部位畫黃色,「爸爸媽媽可以碰」的部位畫綠色,「朋友和老師可以碰」的部位畫藍色,顏色重疊也沒關係喔!

互相尊重的練習

邀請兄弟姊妹或朋友玩角色扮演，練習第2、3章中學到的「徵求同意」和「拒絕」的方式吧！請挑選以下問題詢問同伴，並由對方回答同意或拒絕。當同伴答應時就採取行動（或是模擬），被拒絕時則誠懇地接受並給予回應。

徵求同意

1. 我可以抱你嗎？
2. 我可以牽你的手嗎？
3. 我可以勾你的手嗎？
4. 我可以摸摸你的頭嗎？
5. 我可以看你的日記嗎？
6. 可以借我看一下手機嗎？
7. 我可以上傳你的照片到網路嗎？
8. 我可以把你的照片傳給其他朋友嗎？
9. 你的衣服可以借我穿嗎？
10. 可以借我看作業簿嗎？
11. 可以去你的房間一起玩嗎？
12. 可以告訴我你的祕密嗎？

・可以自行想更多問題

回應方式

答應時可以說	好啊，沒問題／可以
獲得允許時可以說	謝謝你

拒絕時可以說	抱歉，不可以／我不想
被拒絕時可以說	好，我尊重你的意願

給父母和師長的話

關於尊重界線

1. 率先做到尊重孩子的界線

界線,指的是必須受到任何人尊重的身體、物理、言語、情緒上的個人領域。每個人都有權利不受他人侵犯界線,即使是孩子的界線也必須被尊重,這樣孩子才懂得愛護自己的身體和心理。

發生在校園裡的同儕衝突和暴力,大多數都是從沒有尊重彼此界線開始的。這也是為什麼從小學習尊重人與人之間的界線,並在生活中實踐是如此重要的原因。此外,尊重界線的教育,也有助於孩子未來能夠成為體貼他人、防止權利遭受侵犯的大人,讓孩子不管和誰相處都能建立平等和健康的關係。

請記得,孩子必須先受到尊重,才懂得如何尊重他人的界線。即使是家長,在碰觸孩子身體或進入孩子房間的時候,也應該先尋求同意,展現尊重孩子界線的態度。

每個人都有自己的身體和心理界線,未經過允許不可侵犯他人的界線,當界線被侵犯時也要懂得說「不」!請教導孩子維護彼此的界線,讓孩子長成一個懂得隨時隨地互相尊重的人。

2. 在輕鬆的氣氛下讓孩子表達意願

雖然本書的主要內容是關於同儕、朋友在日常生活相處時會出現的情境，但也包含其他有關尊重界線的主題，例如：兒童性暴力、校園霸凌、預防網路言語暴力、與大人的相處之道等等，這些都是孩子必須知道的觀念。

孩子要在平時就懂得坦率表達自己的想法，才能和朋友、同學等日常相處對象建立健康的人際關係。這時候最重要的，就是家長能夠提供具有包容的互動環境，讓孩子自由地表達想法和情緒。

越溫順和被動的孩子，越要充分給予他們機會表達自己的要求和權利。當孩子在家中經常有表達意願的經驗，出門在外就會懂得表達自己，並明白個人的界線不該受到他人侵犯。

此外，請讓孩子選擇自己喜歡的事、想做的事，並尊重他們的意願。同時也要多和孩子聊聊學校發生的事，以及和朋友相處時的事。如果孩子的界線被同學侵犯卻不知道怎麼應對，請花時間和孩子一起討論該如何處理。當孩子熟悉了這些練習，長大成人後才會懂得如何在個人權利受侵犯時採取適當的應對。

　　身為教導孩子的大人，如果扮演「批評者」的角色去評論他們的想法和情緒，孩子就會隱藏自己的真心。我們必須扮演孩子想法和情緒的「支持者」，才能取得孩子的信任和依靠。因此，請多告訴孩子：「我永遠站在你這邊」、「無論發生什麼事，我都會支持你」、「無論如何，我都不會對你感到失望」。

　　越乖巧脆弱的孩子，經常會因為不想讓大人擔心而在遇到困難時默默承受，所以也請提醒孩子，隱瞞重要的煩惱無法解決問題，向信任的大人訴苦才是為了大家好。

3. 一起練習說「不」

　　同儕之間過分的玩笑或過度的身體碰觸，有時會演變成暴力，一旦發生這類嚴重侵犯界線的問題，一定要明確地說「不」。如果不敢拒絕，被同學隨意對待的情況只會更多，甚至會淪為被霸凌的對象。因此，請務必教導孩子懂得保護自己；也請一定要告訴孩子，萬一發生這類事情，絕對不是他的錯，而且可以在信任的大人幫助下一起解決問題。

　　如果孩子不擅長拒絕，建議教導的大人可以用角色扮演的遊戲陪孩子練習。在練習的時候，一起用大聲、堅決的表情說「不」。同時教導孩子，拒絕討厭的事情並不代表自己很壞、很自私，這是保護自己身體和心理的基本權利。

　　除了同齡友人的相處，也請務必教導孩子如何拒絕大人試圖觸摸他們的身體或提出不正常的要求。當然，在實際情況下，孩子可能很難堅強地拒絕力氣大的成人。即便如此，也要告訴孩子遇到這種情形就算不敢拒絕，也絕對不是他的錯。教導孩子不因此感到自責，並懂得依靠信任的大人，是一件非常重要的事。

國家圖書館出版品預行編目資料

圖解小學生的交友煩惱解答書：漫畫數位世代的友情難題，尊重界線×勇於拒絕，成為令人喜愛的朋友／金淨著；元霓真繪；謝淑芬譯. -- 初版. -- 臺北市：日月文化出版股份有限公司，2025.05
112面；16.8 x 23公分. -- （兒童館；3）
譯自：배려하면서도 할 말은 하는 친구가 되고 싶어: 동의하고, 거절하고, 존중하는 친구 관계 말하기
ISBN 978-626-7641-35-4（平裝）

1.生活教育 2.人際關係 3.初等教育

528.33　　　　　　　　　　　　　　　　　　114003037

兒童館 03

圖解小學生的交友煩惱解答書

漫畫數位世代的友情難題，尊重界線×勇於拒絕，成為令人喜愛的朋友

배려하면서도 할 말은 하는 친구가 되고 싶어: 동의하고, 거절하고, 존중하는 친구 관계 말하기

作　　者：金淨（김정）
繪　　者：元霓真（원예진）
譯　　者：謝淑芬
主　　編：藍雅萍
校　　對：藍雅萍、張靖荷
封面設計：FE設計
美術設計：尼瑪

發 行 人：洪祺祥
副總經理：洪偉傑
副總編輯：謝美玲
法律顧問：建大法律事務所
財務顧問：高威會計師事務所
出　　版：日月文化出版股份有限公司
製　　作：大好書屋
地　　址：台北市信義路三段151號8樓
電　　話：（02）2708-5509　傳　　真：（02）2708-6157
客服信箱：service@heliopolis.com.tw
網　　址：www.heliopolis.com.tw
郵撥帳號：19716071 日月文化出版股份有限公司

總 經 銷：聯合發行股份有限公司
電　　話：（02）2917-8022　傳　　真：（02）2915-7212
印　　刷：禾耕彩色印刷事業股份有限公司
初　　版：2025年05月
定　　價：350元
Ｉ Ｓ Ｂ Ｎ：978-626-7641-35-4

배려하면서도 할 말은 하는 친구가 되고 싶어
（I want to be a friend who speaks up while still being considerate）
Copyright © 2023 by （Kim Jung, 金淨），（Won Ye-jin, 元霓真）
All rights reserved.
Complex Chinese Copyright © 2025 by Heliopolis Culture Group Co., Ltd
Complex Chinese translation Copyright is arranged with PASTELHOUSE Publishing Company through Eric Yang Agency

◎版權所有‧翻印必究
◎本書如有缺頁、破損、裝訂錯誤，請寄回本公司更換